BEI GRIN MACHT SICH IH... WISSEN BEZAHLT

- Wir veröffentlichen Ihre Hausarbeit, Bachelor- und Masterarbeit

- Ihr eigenes eBook und Buch - weltweit in allen wichtigen Shops

- Verdienen Sie an jedem Verkauf

Jetzt bei www.GRIN.com hochladen und kostenlos publizieren

Paolo Leon Vacilotto, Surya Hengel, Sonja Ebinger, Sven Schwarzendrube

Kryptographie in der eMail-Kommunikation

GRIN Verlag

Bibliografische Information der Deutschen Nationalbibliothek:

Die Deutsche Bibliothek verzeichnet diese Publikation in der Deutschen National-
bibliografie; detaillierte bibliografische Daten sind im Internet über http://dnb.d-
nb.de/ abrufbar.

Impressum:

Copyright © 2004 GRIN Verlag GmbH
Druck und Bindung: Books on Demand GmbH, Norderstedt Germany
ISBN: 978-3-640-85641-1

Dieses Buch bei GRIN:

http://www.grin.com/de/e-book/25182/kryptographie-in-der-email-kommunikation

GRIN - Your knowledge has value

Der GRIN Verlag publiziert seit 1998 wissenschaftliche Arbeiten von Studenten, Hochschullehrern und anderen Akademikern als eBook und gedrucktes Buch. Die Verlagswebsite www.grin.com ist die ideale Plattform zur Veröffentlichung von Hausarbeiten, Abschlussarbeiten, wissenschaftlichen Aufsätzen, Dissertationen und Fachbüchern.

Besuchen Sie uns im Internet:

http://www.grin.com/

http://www.facebook.com/grincom

http://www.twitter.com/grin_com

Fachhochschule für Ökonomie und Management Essen

WS 2003 / 2004

Fallstudie I

Kryptografie
in der
eMail-Kommunikation

Autoren: Paolo Vacilotto

Surya Hengel

Sonja Ebinger

Sven Schwarzendrube

Inhaltsverzeichnis

1   Abkürzungsverzeichnis

CBC	Cipher Block Chaining
CFB	Cipher Feedback
DES	Data Encryption Standard
DSA	Digital Signature Algorithm
DSS	Digital Signature Standard
ECB	Electronic Codebook
IDEA	International Data Encryption Algorithm
MD2/5	Message Digest 2/5
NIST	National Institute of Standards and Technology
OFB	Output Feedback
PEM	Privacy-Enhancement Mail
PGP	Pretty Good Privacy
PKCS	Public-Key Cryptography Standards
SHA	Secure Hash Algorithm
SigG	Signaturgesetz
SigV	Signaturverordnung
S/MIME	Secure/Multipurpose Internet Mail Extension
SMTP	Simple Mail Transfer Protocol
RC4	Rivest Cipher 4
RFC	Request for Comment

2   Abbildungsverzeichnis

3   Tabellenverzeichnis

4   Einleitung

In den letzten 15 Jahren stieg der Gebrauch der eMail-Kommunikation rasant an. Waren es vor 10 Jahren nur Firmen welche Ihre Kommunikation über den elektronischen Weg bestritten, so sind heute alle Bereiche des öffentlichen Lebens darin involviert. Fragen der Sicherheit zu diesem Kommunikationsweg sind aus diesem Grund immer mehr in den letzten Jahren diskutiert worden.

Die Sicherheit der Daten welche auf diesem Wege transportiert werden stellte in der Frühzeit der Computer ein geringes Problem dar, da nur ein kleiner Personenkreis das Wissen und die Möglichkeiten hatte die Daten abzufangen, oder gar zu verändern. Mit Zunahme der Rechnerleistungen und der Vereinfachung der Anwendungsprogramme wurde die Anzahl der User zunehmend stärker, welche Interesse für dieses Gebiet entwickelten[1]. Um diesem Personenkreis den Zugang zu vertraulichen Daten zu erschweren, entwickelte man spezielle kryptografische Methoden welche die Sicherheit der Kommunikation erhöhen.

4.1   Abgrenzung der Kryptologie[2]

Der Bereich der Kryptologie kann in zwei große Bereiche unterteilt werden. Die Kryptografie und die Kryptoanalyse. Wird bei der Kryptografie der Bereich der Verschlüsselung von Daten mittels Algorithmen beschrieben, so geht es bei der Kryptoanalyse um die Technik verschlüsselte Daten zu entschlüsseln und den semantischen Inhalt wieder zu erlangen, ohne im Vorfeld in die Verschlüsselungsgeheimnisse eingeweiht zu sein. Im Bereich der eMail-Kommunikation tritt der Bereich der Kryptografie in den Vordergrund.

4.2   Historischer Hintergrund der Kryptografie

Die Verschlüsselung von Nachrichten ist eine sehr alte Kunst, welche bereits in der Antike verwendet wurde. Als kryptografische Verfahren werden Verfahren bezeichnet, welche zwar die Existenz einer Nachricht preisgeben, jedoch diese durch eine Verschlüsselung so verändert werden, dass ein Mithörer den semantischen Inhalt der Nachricht nicht nachvollziehen kann. Bis vor wenigen Jahrzehnten wurde die Kryptografie im militärischen Bereich und der Staatssicherheit verwendet. Auf Grund der sehr schnellen Entwicklung der Computertechnologie in den siebziger Jahren

---

[1] Vgl. Fumy, W., Rieß, H. P. (1994), S.7

[2] Vgl. Fumy, W., Rieß, H.P. (1994), S13

bekam die Kryptografie eine neue Bedeutung und wurde zum festen Bestandteil dieses Gebietes, die so genannte moderne Kryptografie.

Für die moderne Kryptografie ist die Zeit von 1976 bis 1985 von besonderer Bedeutung. 1976 wurde durch Whitfield Diffie und Martin Hellmann das Prinzip der Public-Key-Kryptografie veröffentlicht. Mit dieser Veröffentlichung, und dem zwei Jahre später veröffentlichtem RSA-Algorithmus, wurde eine bahn brechende Entwicklung in der asymmetrischen Kryptografie gemacht[1].

In den folgenden Jahren wurden immer neue und individuellere Verfahren entwickelt, welche jedoch immer wieder auf die Grundlage der beiden Veröffentlichungen gestützt werden.

4.3   Kommunikationsmedium eMail

Im Zeitalter des Computers und der weltweiten Vernetzung spielen elektronische Daten eine wichtige Rolle. Heutzutage ist es einfach und effektiv möglich in die Privatsphäre von Dritten einzudringen, also Zugang zu deren vertraulichen Informationen zu erlangen. Nicht nur Privatleute, auch Firmen, Politiker und Behörden kommunizieren zunehmend per eMail. Das eMail-Aufkommen hat sich exponentiell auf 10 Milliarden eMails am Tag erhöht. Persönliche Informationen, Firmengeheimnisse, Kundendaten, Forschungsergebnisse, Patienteninformationen, Umsatzzahlen, Daten zur Abwicklung von Geschäftsvorgängen und viele andere sensible Informationen werden vermehrt über das Internet versendet. Den Weg, den diese Daten zu einer Zieladresse nehmen, kann man im Regelfall weder vorhersagen noch vorherbestimmen. Alle Daten, die unverschlüsselt verschickt werden, sind quasi öffentlich. Vergleichbar wäre der Versand unverschlüsselter eMail-Kommunikation mit dem Versenden von Postkarten. Das Problem ist jedoch vielen nicht in diesem Ausmaß bekannt, was unter anderem an falschen Analogien liegt. So wird die eMail als „elektronischer Brief" bezeichnet, obwohl es besser „elektronische Postkarte" heißen müsste. In vielen Programmen und auf vielen Webseiten hat sich der Briefumschlag als Symbol für das Verschicken von eMails durchgesetzt. Genau dieser Umschlag, der Sicherheit suggeriert, fehlt bei unverschlüsselter Internet-Kommunikation. Daher verwundert es nicht, dass eMails auf ihrem Weg durch das Internet mitgelesen, gelöscht, verändert oder gespeichert werden können.

---

[1] Beutelspacher, A., Schwenk, J., Wolfenstetter, K. (1995), S.V

5   Sicherheitsrisiken in der eMail-Kommunitkation

Der Inhalt, der in einer unverschlüsselten eMail verschickt wird, sollte nicht vertraulicher sein als der, den man auch per Postkarte abgeschickt hätte. Die Administratoren des eigenen Mailservers, sowie die des Empfänger, können ohne weiteres den Mailverkehr abfangen, abhören, löschen oder verändern. Auf dem Weg zum Ziel durchlaufen eMails teilweise eine Menge an Stationen. Jeder, der Zugriff auf eine dieser Zwischenstationen hat, sowie jeder Cracker, kann mühelos oben genannte Angriffe durchführen. Weiterhin ist nicht auszuschließen, dass der Datenverkehr automatisiert gefiltert und gespeichert wird. Staatliche oder private Organisationen dringen so in die Privatsphäre ein.[1] Bewiesen gilt im Allgemeinen der in die Milliarde gehenden Verluste durch Wirtschaftsspionage. Der Bericht „Wirtschaftsspionage und deren Auswirkungen auf den internationalen Handel" (COMINT impact on international trade)[2] von Duncan Campbell setzt sich mit vielen detaillierten Quellenangaben auseinander. Campbell kommt zu der Schlussfolgerung, dass es höchstwahrscheinlich der Fall ist, dass Europa seit 1992 bis heute signifikante Verluste an Arbeitsplätzen und finanzieller Natur erlitten hat, die auf das Ergebnis der US-Politik der „Einebnung des Spielfeldes" zurückzuführen sind.

Verschlüsselt übertragene Daten kann ein Angreifer, selbst wenn er physikalischen Zugriff darauf hat, nicht sinnvoll lesen. Die Nicht-Authentifizierung von eMails ist ein weiteres Sicherheitsproblem. Ein Angreifer könnte nicht nur den Mail-Inhalt verändern, er könnte auch die Absenderadresse fälschen, was gerade bei offizieller oder geschäftlicher Korrespondenz, dem Austausch von Dokumenten und dem Abwickeln von Geschäftsvorgängen über das Internet, fatal wäre. Der Absender muss eindeutig zu identifizieren sein und die Integrität der Daten muss überprüft werden können. Die einzige Möglichkeit um Vertraulichkeit, Integrität und Authentizität von elektronischen Dokumenten zu gewährleisten ist die Benutzung wirkungsvoller kryptografischer Verfahren. Hierbei wird die eMail in eine Art elektronischen Briefumschlag gesteckt, der wiederum nur vom Empfänger geöffnet werden kann. Durch eine digitale Unterschrift wird darüber hinaus eine eindeutige Zuordnung zum Urheber möglich. Manipulationen können auf diese Weise festgestellt werden.

---

[1] http://www.heise.de/tp/deutsch/html/result.xhtml?url=/tp/deutsch/special/ech/9937/1.html, Stand 09.01.2004

[2] http://www.heise.de/tp/deutsch/special/ech/7752/1.html, Stand 21.01.2004

Die Anzahl der eMail User kann in die drei großen Gruppen

- Privat-Anwender
- Unternehmen
- Öffentliche Einrichtungen

unterteilt werden. Diese Gruppierungen verfolgen im öffentlichen Leben unterschiedliche Sicherheitsziele im Umgang mit der eMail-Kommunikation.

5.1 Sicherheitsziele der Privat-Anwender

Im Bereich der Privat-Anwender ist die Anzahl der zu sichernden eMails als niedrig einzustufen, da diese zum größten Teil eMails mit unkritischen Inhalten versenden oder empfangen. Der Schutz der eMail-Kommunikation liegt hierbei nur auf einer kleinen Anzahl von eMails in denen vertrauliche Daten wie Bankverbindungen oder Bestelltexte für Warenbestellungen enthalten sind. Diese eMails sind zu schützen, um eine ungewollte Veränderung oder Kenntnisnahme eines Dritten zu unterbinden.

5.2 Sicherheitsziele der Unternehmen

Im Bereich der Unternehmen erreicht das Thema Sicherheit in der eMail-Kommunikation einen immer höher werdenden Stellenrang. So gehört in jedem vierten von fünf Unternehmen die eMail-Kommunikation zum Geschäftsalltag. Die Korrespondenz der Unternehmen mit dem Medium eMail ist aber keineswegs nur intern. So werden in rund einem Drittel der Unternehmen auch rechtsverbindliche Geschäfte via eMail abgeschlossen.[1] Ein Sicherheitsziel der Unternehmen liegt somit in der Verbindlichkeit der Übermittlung und der Sicherung vor Verfälschung des Inhaltes im rechtsverbindlichen Geschäftsverkehr. Ein zweiter Bereich ist innerhalb der Unternehmen der Bereich der Banken. Hier ist es von großer Bedeutung die Herkunft der eMail zu kennen, um nicht autorisierte Transfers im Vorfeld abzufangen bzw. abzugrenzen.

5.3 Sicherheitsziele öffentlicher Einrichtungen[2]

Im Bereich der öffentlichen Einrichtungen ist die Informations- und Kommunikationstechnologie immer mehr in den Vordergrund gerückt. Die Abwicklung der Vorgänge mittels neuer Informationstechnologien wird unter dem Begriff eGovernment zusammengefasst. eGovernment bedeutet die Neugestaltung der verwaltungsinternen sowie -externen Beziehungen durch den Einsatz von

---

[1] http://www.ecin.de/news/2001/08/27/03056; Stand 19.01.2004

[2] http://www.zurichbusiness.ch/pdf/rim_fs_005_e-government_g.pdf; Stand 20.01.2004

Informations- und Kommunikationstechniken (IKT), die zum Ziel haben, die staatliche Leistungserbringung zu optimieren sowie die Beteiligung Privater am Entscheidungsprozess zu erhöhen.

In folgender Tabelle sind die wesentlichen Aufgaben des eGovernment aufgezeigt.

**Hauptfunktionen des
E-Government**

	Tätigkeit	Anwendung
**Stufe 1
Information**	Elektronische Informationsbereitstellung	• Fiskalinformationen
• Wohnungs- und Stellenmarkt
• Gesundheits- Bildungs- und Transportinformation
• …
**Stufe 2
Kommunikation**	Austausch von Nachrichten und Informationen zwischen verschiedenen Individuen und Gruppen.	• Diskussionsforen
• E-Mailkontakt zu Behörden, politischen Parteien
• …
*Stufe 3
Transaktion*	Elektronischer Erwerb von Produkten oder Dienstleistungen. Einreichen von Datenmaterial vom Bürger zum Staat.	• E-Democracy: politische Partizipation
• E-Tax: elektronische Steuererklärung
• E-Voting: elektronische Volksabstimmung und Wahl
• E-Census: Volkszählung
• An- bzw. Abmelden bei Einwohnerkontrolle
• Passantrage
• Einreichen von Baugesuchen
• Anträge für Fahrzeugausweis und Führerausweis
• Wahl der Exekutive
• …

Abbildung 5-1: Hauptfunktionen eGovernment

Im eGovernment wird in 3-Stufen unterteilt.

• Information

• Kommunikation

• Transaktion

Die Stufen steigen proportional zu dem Sicherheitsbedürfnis der jeweiligen Stufe, so dass in der Stufe der Transaktion die höchste Sicherheit gegeben sein muss.

6   Verschlüsselung

Die in dem vorherigen Kapitel beschriebenen Sicherheitsrisiken der eMail-Kommunikation werden durch den Einsatz von Kryptografie reduziert. Kryptografie befasst sich im Wesentlichen damit, Verfahren und Techniken zu entwickeln, die zum Verbergen von Daten vor Dritten oder auch zum Schutz vor Fälschung bzw. zum Beweis der Echtheit dienen. Ein Kernbegriff der Kryptografie ist Verschlüsselung. Verschlüsselung oder auch Chiffrierung bedeutet die Umwandlung eines Klartextes in eine unlesbare Form, den so genannten Schlüsseltext oder auch Chiffretext. Unter Verwendung eines Schlüssels wird der Klartext durch einen kryptografischen Algorithmus in den Chiffretext transformiert. Ziel einer jeden Verschlüsselung ist es, Daten vor einer Auswertung durch Unbefugte zu schützen. Um die verschlüsselten Daten für befugte Personen wieder lesbar zu machen, muss die Verschlüsselung umgekehrt werden. Dieser Prozess der inversen Verschlüsselung wird Dechiffrierung bzw. Entschlüsselung genannt.

Die Qualität und damit verbundene Sicherheit einer Verschlüsselung wird maßgeblich durch die Güte des zugrunde liegenden Algorithmus bestimmt. „Ein guter Algorithmus erzeugt Chiffretext, der möglichst wenige Anhaltspunkte auf den Schlüssel oder den ursprünglichen Klartext liefert"[1]. Als Qualitätsmerkmale lassen sich die folgenden Eigenschaften nennen[2]:

- Die Datensicherheit hängt nicht von der Geheimhaltung des Algorithmus ab.
- Der Algorithmus wurde mit dem Ziel der Verschlüsselung entwickelt.
- Es erfolgte eine Veröffentlichung des Algorithmus und Analyse durch Experten, wobei die Analyse keine gravierenden Schwächen aufzeigen konnte.

In Abhängigkeit davon, ob zur Ver- und Entschlüsselung der gleiche oder unterschiedliche Schlüssel eingesetzt werden, spricht man von symmetrischen oder asymmetrischen Verschlüsselungsverfahren.

6.1   Symmetrische Verfahren

Symmetrische Verfahren dienen zur Sicherung der Vertraulichkeit einer Nachricht. Sie verwenden den gleichen Schlüssel zur Ver- und Entschlüsselung der Daten. Da die Sicherheit dieser Verfahren nur dann gewährleistet werden kann, wenn alle beteiligten

---

[1] Smith, R. E. (1998), S.51.

[2] Vgl. Smith, R. E. (1998), S.70-71.

Parteien den Schlüssel geheim halten, werden die symmetrischen Verfahren auch Private-Key- oder Secret-Key-Verfahren genannt.

Aus der Tatsache, dass alle Personen, die zum Lesen der verschlüsselten Daten befugt sein sollen, über den gleichen geheimen Schlüssel verfügen müssen, ergibt sich der Hauptangriffspunkt der symmetrischen Verfahren. Bei einem großen Personenkreis bzw. bei großer räumlicher Distanz der beteiligten Personen erhöht sich das Risiko, dass ein Schlüssel von einer unbefugten Person abgefangen und missbräuchlich eingesetzt wird. Daher gehört ein sicheres Schlüsselmanagement zu den Knackpunkten eines jeden symmetrischen Verfahrens. Hingegen haben sie den Vorteil der Schnelligkeit der symmetrischen Algorithmen.

Symmetrische Verfahren sind in zwei Klasse zu unterteilen:

- Blockchiffrierung
- Stromchiffrierung

Bei der Blockchiffrierung wird jeweils ein n Bit großer Klartextblock mit demselben Schlüssel in einen n Bit großen Chiffretext transformiert. Bei der Stromchiffrierung hingegen werden die Daten Bit für Bit verschlüsselt. Die gängigsten symmetrischen Algorithmen sind Blockchiffren.

In den nachfolgenden Kapiteln werden die Algorithmen näher erläutert, die im Bereich der eMail-Verschlüsselung eine wichtige Rolle spielen.

6.1.1 Blockchiffrierung

Bei einer einfachen Blockchiffrierung wird jeder Datenblock des Klartextes mit demselben Schlüssel in Chiffretext überführt wird. Dadurch können signifikante Muster und Wiederholungen im Chiffretext auftreten. Diese Muster bilden eine Schwachstelle in der Blockchiffrierung, denn ein Angreifer wird versuchen über sie den Code zu knacken. Ein weiteres Problem sind die so genannten „cut-and-paste"-Angriffe, bei denen ein Angreifer einzelne Blöcke aus einer Nachricht ausschneiden und diese somit verfälschen kann. Um die Problematik der sich wiederholenden Datenblöcke zu umgehen wurden Chiffriermodi, auch Betriebsarten genannt, entwickelt. Sie liefern Regeln für die Kombination von Klartext, Schlüssel und bereits verschlüsseltem Text zur Erzeugung des gesamten Chiffretexts[1].

---

[1] Vgl. Smith, R. E. (1998), S.54-56

6.1.1.1 Betriebsarten[1]

Die einfachste Betriebsart ist der Electronic Codebook Modus (ECB). Hier wird jeder Klartextblock unabhängig von den anderen verschlüsselt. Dieses Verfahren ist schnell, aber anfällig wegen einer möglichen Musterbildung im Chiffretext. Es besteht die Gefahr, dass einzelne Blöcke des Schlüsseltextes von Angreifern auf das System ausgetauscht werden.

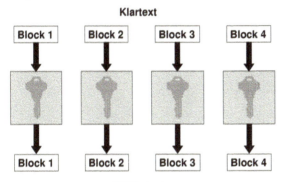

Abbildung 6-1: ECB-Modus

Im Cipher Block Chaining Modus (CBC) wird vor der Verschlüsselung jeder Klartextblock bitweise mit dem vorangegangenen verschlüsselten Textblock XOR-verknüpft. Dadurch ist der verschlüsselte Text abhängig von der Reihenfolge der Klartextblöcke.

Damit bei identisch beginnenden Nachrichten, nicht immer der erste Chiffretext gleich aussieht, wird der erste Klartextblock mit einem zufällig generierten Initialisierungsvektor (IV) verknüpft. Daraus resultiert, dass identische Nachrichten unter der Verwendung unterschiedlicher Initialisierungsvektoren nie gleich chiffriert werden. Ein Nachteil dieser Vorgehensweise ist, dass der Initialisierungsvektor als Teil der Nachricht mit übertragen werden muss und somit mehr Speicherplatz benötigt wird. Ein Vorteil des CBC-Modus ist die Vermeidung einer Musterbildung im Chiffretext.

---

[1] Vgl. Fuhrberg, K., Häger, D., Wolf, S. (2001), S.83-86; Schmeh, K. (2001), S.177-181

Klartext

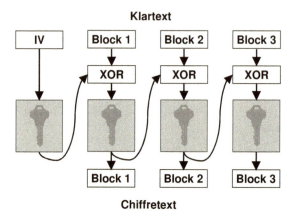

Chiffretext

Abbildung 6-2: CBC-Modus

Um bei der Verschlüsselung nicht darauf angewiesen zu sein, immer vollständige Textblöcke verschlüsseln zu müssen, wurde der Output Feedback Modus (OFB) entwickelt. Der OFB-Modus bietet die Möglichkeit eine Blockchiffrierung auch als Stromchiffrierung einzusetzen. Der Chiffrieralgorithmus wird nur zur Generierung des Schlüsselstroms verwendet. Durch XOR-Verknüpfung mit dem Schlüsselstrom werden n Bits Klartext transformiert, wobei n kleiner als die Blocklänge sein kann. Zur Generierung des Schlüsselstroms wird mit dem Initialisierungsvektor begonnen, anschließend wird aus dem jeweils vorangegangenen Schlüsselblock der nächste Block des Schlüsselstroms erzeugt. Der OFB-Modus zeichnet sich durch Schnelligkeit aus. Er ist der einzige Modus bei dem sich Übertragungsfehler, die den Wert eines einzelnen Bits ändern, nur auf die Stelle auswirken an der sie auftreten.

Klartext

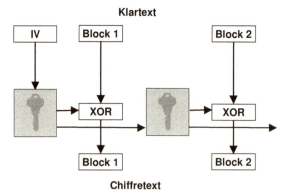

Chiffretext

Abbildung 6-3: OFB-Modus

Der Cipher Feedback Modus (CFB-Modus) ist dem OFB-Modus sehr ähnlich. Der Chiffrieralgorithmus dient ebenfalls nicht zur Datenverschlüsselung, sondern zur Generierung eines temporären Schlüssels. Der Unterschied besteht darin, dass der nächste Block des Schlüssels nicht aus dem vorangegangenen Schlüsselblock erzeugt wird, sondern aus dem vorangegangenen verschlüsselten Klartextblock.

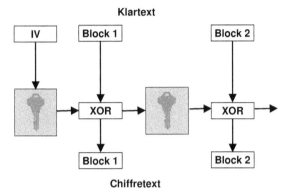

Abbildung 6-4: CFB-Modus

Zusammenfassend lässt sich folgendes festhalten:

- Der ECB-Modus ist leicht angreifbar.
- Der CBC-Modus eignet sich für Dateiverschlüsselung.
- Der CFB-Modus ist geeignet für Dateiübertragung mit tolerierbarer Fehlerfortpflanzung.
- Der OFB-Modus eignet sich für Dateiübertragung mit geringen erlaubten Fehlerraten.

6.1.1.2 CAST

CAST ist ein in Kanada für die Northern Telecom (Nortel) entwickelter symmetrischer Algorithmus[1]. Seine Erfinder sind Carliste Adams und Stafford Tavares.

CAST ist resistent gegen lineare-, differentielle- und related-key-Kryptoanalysen. Der Algorithmus arbeitet auf 64 Bit Textblöcken und mit einer Schlüssellänge von 40 – 128 Bit. Bei allen Schlüssellängen weist CAST die gleiche Performance auf: 3,3 MByte pro Sekunde auf einem 150 MHz-Pentium.[2]

---

[1] Vgl. http://www.pro-privacy.de/pgp/tb/de/keygen.html, Stand 20.12.03

[2] Vgl. Stigge, R., http://www.rolandstigge.de/studium/cast-foils.pdf, Stand 09.01.04

Der Algorithmus ist dem von DES sehr ähnlich. „Er ist sogar soweit mit DES kompatibel, dass er als »Drop-In«-Ersatz für DES einsetzbar ist."[1] Allerdings ist CAST viel schneller als DES.

Aufgrund der Ähnlichkeit der beiden Verfahren, wird hier nicht weiter darauf eingegangen.

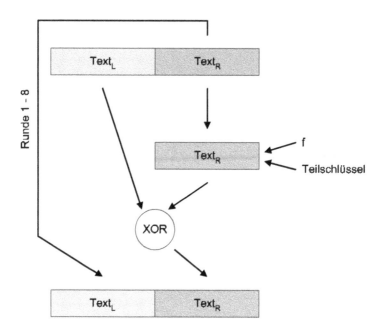

Abbildung 6-5: CAST-Algorithmus

6.1.1.3 DES

DES (Data Encryption Standard) gehört zu den bedeutendsten symmetrischen Blockchiffren. Er wurde Anfang der 70er Jahre in den USA entwickelt und 1977 von der US-Standardisierungsbehörde NIST (National Institute of Standards and Technology) genormt.

DES arbeitet auf Datenblöcken zu je 64 Bit. Die 64 Bit beziehen sich auf den Klartext, den Schlüssel und den Schlüsseltext. Beim Schlüssel wird allerdings jedes 8. Bit als Paritätsbit verwendet, so dass die tatsächlich wirksame Schlüssellänge nur 56 Bit

---

[1] http://www.vpn-1.de/krypto/algorithmen.html, Stand 01.04

beträgt. Das Verschlüsselungsverfahren beruht auf einer Kombination von Permutationen und Substitutionen.

Die Funktionsweise des DES lässt sich wie folgt beschreiben.

Zu erst werden die 64 Bit des Klartextblockes einer bitweisen Eingangspermutation unterworfen. Das Ergebnis wird in zwei je 32 Bit große Teilblöcke L und R aufgeteilt. Anschließend werden in 16 Runden 16mal gleichartige Verschlüsselungsschritte auf L und R angewendet. Die dabei durchgeführten Operationen hängen jeweils von einem 48 Bit großen Teilschlüssel ab, der aus den 56 Bit des ursprünglichen Schlüssels generiert wird. Das Ergebnis jeder Runde wird wieder in L und R gespeichert. Nach den 16 Runden erfolgt die Zusammenfügung von L und R mit einer abschließenden Ausgangspermutation, die invers zur Eingangspermutation ist. Auf diese Art und Weise werden je 64 Bit des Schlüsseltextes erzeugt. [1]

Die Schwäche von DES liegt in der Kürze des Schlüssels begründet. DES wurde Ende der 90er Jahre bereits mehrfach durch Brute-Force-Attacken mit immer kürzeren Suchzeiten gebrochen.

6.1.1.4 Triple-DES

Triple-DES ist die dreimalige Anwendung des DES-Algorithmus, mit jeweils unterschiedlichen Schlüsseln. [2] Dadurch erhöht sich die Gesamtlänge des Schlüssels auf 168 Bit, und die Schwäche des DES wird damit ausgeglichen.

6.1.1.5 IDEA[3]

IDEA steht für International Data Encryption Algorithm und wurde 1990 von Xuejia Lai und Hames Massey im Swiss Federal Institute of Technology entwickelt und veröffentlicht. Damals hieß der Algorithmus noch PES (Proposed Encryption Standard), was sich aber nach der Absicherung des Verfahrens gegen differentielle Angriffe änderte. Er wurde IPES (Improved Proposed Encryption Standard) genannt und 1992 dann in IDEA umbenannt. IDEA ist von Ascom Systec in Europa und Asien bis 2001 patentiert, und deshalb fallen aktuell – außer bei der privaten oder der akademischen Nutzung - Lizenzgebühren an[4].

---

[1] Vgl. Fumy, W., Rieß, H.P. (1994), S.221 ff.

[2] Vgl. http://www.vpn-1.de/krypto/algorithmen.html, Stand 01.04

[3] Vgl. Schneier, B. (1996), S. 370 ff.

[4] Vgl. http://www.uni-koeln.de/rrzk/kompass/94/k94.pdf, Stand, 07.02

IDEA arbeitet mit einem 128 Bit langen Schlüssel, mit dem ein Text ver- und entschlüsselt werden kann. Dieser Schlüssel wird für den Verlauf der Verschlüsselung in acht immer wieder unterschiedliche 16 Bit-Teilschlüssel aufgeteilt. Dies geschieht, indem der Schlüssel zuerst in acht Teilschlüssel geteilt wird. Nach deren Verwendung wird der Schlüssel um 25 Bit nach links verschoben. Aus diesem veränderten Schlüssel werden wieder acht 16 Bit-Schlüssel erzeugt.

Wie auch die Hashverfahren MD5 und SHA-1 arbeitet IDEA mit so genannten Runden, die durchlaufen werden, und in denen verschiedene Operationen und Funktionen auf die Eingangstexte wirken. Bei IDEA sind es pro Textblock 8 Runden, in denen zusätzlich der Schlüssel auf die Veränderung der Textblöcke einwirkt.

Der Text wird vor der eigentlichen Verschlüsselung in Blöcke der Länge 64 Bit geteilt. Für die Durchführung einer Runde wird jeder 64 Bit-Block noch einmal in 4*16 Bit – Blöcke unterteilt. Diese 4 Teilblöcke werden jetzt während der 8 Runden mit verschiedenen Operationen, Funktionen und mit den Teilschlüsseln so verändert, dass sich daraus ein chiffrierter Text von 64 Bit ergibt. Nach der Durchführung dieses Verfahrens auf alle 64 Bit Blöcke, werden die chiffrierten Blöcke hintereinander gehängt, und ergeben somit den Chiffretext. Die Funktionen die bei IDEA angewendet werden sind folgende drei:

- XOR
- Addition modulo 2^{16}
- Multiplikation modulo $2^{16} + 1$

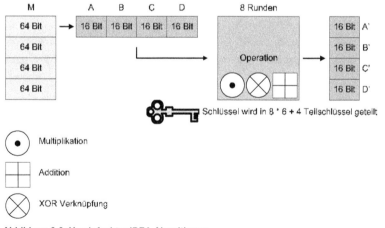

Abbildung 6-6: Vereinfachter IDEA Algorithmus

6.1.2   Stromchiffrierung

Bei der Stromchiffrierung erfolgt eine bitweise Verschlüsselung des Datenstroms. Als klassische Stromchiffrierung sei hier die Vernam-Chiffre genannt, bei der je ein Bit des Klartextes logisch (XOR-) verknüpft mit einem Bit des Schlüssels ein Bit des Schlüsseltextes ergibt. Es ist sinnvoll die Schlüsselbits zufällig zu erzeugen, da sonst in der Kodierung eine Schwachstelle für Angriffe entsteht. Wenn jedes Bit des Schlüssels echt zufällig ist, spricht man von einem One-Time-Pad.

In der Praxis spielen die Stromchiffren eher eine geringe Bedeutung. Als bedeutende Stromchiffre sei an dieser Stelle RC4 (Rivest Cipher 4) genannt. RC4 wurde von Ron Rivest 1987 in den USA entwickelt und lange Zeit geheim gehalten. Es gehört zu den einfachsten kryptografischen Verfahren und arbeitet mit einer variablen Schlüssellänge, die bis zu 2048 Bit betragen kann. In der Praxis wird auf Grund von US-Exportbestimmungen meist nur ein Schlüssel in der Länge von 40 Bit verwendet. Auf Grund der kurzen Schlüssellänge ist das Verfahren anfällig für Angriffe bei denen durch systematisches Ausprobieren aller Schlüsselmöglichkeiten, der Schlüssel identifiziert wird (Brute-Force-Attacken).

6.2   Asymmetrische Verfahren

Asymmetrische Verfahren, oder auch Public-Key-Verfahren genannt, verwenden zwei unterschiedliche Schlüssel zu Ver- und Entschlüsselung der Daten. Es werden also zwei Schlüssel generiert, von denen der eine geheim gehalten (Private-Key) und der andere öffentlich gemacht wird (Public-Key). Der Sender einer Nachricht verwendet den Public-Key des späteren Empfängers, um die Nachricht zu verschlüsseln. Diese kann nur mit dem Private-Key des Empfängers entschlüsselt werden. Bei einem guten asymmetrischen Verfahren ist es unmöglich aus dem Public-Key oder der verschlüsselten Nachricht, den Private-Key abzuleiten.

Asymmetrische Verfahren können auch umgekehrt werden, so dass jemand eine Nachricht mit seinem Private-Key verschlüsselt und der Public-Key zum Entschlüsseln verwendet wird. Dieses Verfahren wird im Bereich der digitalen Signaturen verwendet.

Asymmetrische Verfahren sind in der Regel langsamer als symmetrische Verfahren, da ihnen komplexere mathematische Verfahren zu Grunde liegen. Zu ihren Vorteilen zählt, dass die Probleme des Schlüsselaustausches sowie der Schlüsselhäufigkeit, die bei symmetrischen Verfahren auftreten, entfallen. Mit asymmetrischen Verfahren lassen sich in der eMail-Kommunikation die Sicherheitsaspekte der Authentizität und Vertraulichkeit einer Nachricht umsetzen.

In den folgenden Kapiteln werden die in der eMail-Kryptografie gängigsten asymmetrischen Algorithmen erläutert.

6.2.1 RSA[1]

RSA ist nach den Anfangsbuchstaben der Nachnamen seiner Erfinder benannt: Ron Rivest, Adi Shamir und Leonard Adleman. Der Algorithmus wurde 1978 am MIT (Massachusetts Institute of Technology) entwickelt. Es war der erste vollständige Public-Key-Algorithmus, der sich für Verschlüsselungen und Digitale Signatur eignete und dabei auch noch leicht zu verstehen und zu implementieren war. Vielleicht hat sich RSA deswegen zu dem populärsten Public-Key-Algorithmus entwickelt. RSA gilt als sehr sicher, wobei diese Sicherheit noch nie belegt, aber auch noch nie widerlegt wurde.

Der Algorithmus des Verfahrens ist so aufgebaut, dass es leicht ist bestimmte mathematische Operationen durchzuführen, jedoch sind die Umkehrfunktionen nur sehr schwer zu bestimmen. Die Generierung der Schlüssel sind folgende Schritte notwendig:

Zur Erzeugung des Public- und des Private-Keys werden zwei zufällige, sehr große Primzahlen benötigt. Diese sollten, um eine hohe Sicherheit zu gewährleisten, eine gleiche Stellenanzahl von mindestens 100 haben. Diese beiden Zahlen werden im Folgenden p und q genannt. Aus dem Produkt von p und q ergibt sich eine weitere große Zahl: n.

$$\rightarrow n = p * q$$

Nach der Bestimmung von n, wird eine weitere zufällige Zahl benötigt: e. e muss relativ prim zu dem Ausdruck (p - 1)*(q - 1) sein. Diese Zahl e ist der Chiffrierschlüssel.

Neben einem Chiffrierschlüssel gibt es auch einen Dechiffrierschlüssel d, welcher sich durch e und das Produkt (p - 1)*(q - 1) (Mit Hilfe des Euklidische Algorithmus) darstellen lässt:

$$\rightarrow d = e^{-1} \bmod ((p - 1)*(q - 1))$$

Je größer die Primzahlen gewählt werden, umso schwerer ist es, die Schlüssel zu knacken[2]. Jetzt hat man den Public-Key, der aus n und e besteht, und den Private-Key, der aus d besteht.

---

[1] Vgl. Schneier, B. (1996), S. 531 ff.

[2] Vgl. Ott, H.J., http://www.kecos.de/script/35rsa.htm, Stand 11.03

Public-Key	
n	Wird aus dem Produkt zweier Primzahlen p, q gebildet
e	Relative Primzahl zu $(p - 1)*(q - 1)$
Private-Key	
d	$= e^{-1} \bmod ((p - 1)*(q - 1))$

In Anlehnung an: Schneier, B. (1996), S. 533

Tabelle 6-1: Parameter der RSA-Schlüssel

Der Algorithmus, der auf diese 3 Parameter zurückgreift wird im Folgenden erklärt:

Eine zu verschlüsselnde Nachricht m wird in numerische Blöcke unterteilt, deren Inhalte jeweils kleiner als n sein müssen → m_j.

Die Verschlüsselungsfunktion zur Bestimmung der einzelnen Chiffretexte c_j lautet:

→ $c_j = m_j^e \bmod n$

Die Aneinanderkettung der einzelnen c_j's entspricht c.

Die Entschlüsselung dieser Nachricht verläuft über die Funktion:

→ $m_j = c_j^d \bmod n$

Die Sicherheit dieses Verfahrens beruht auf der Schwierigkeit der Faktorisierung großer Zahlen. Ein Haupeinsatzgebiet ist die Implementierung in das Programm PGP.

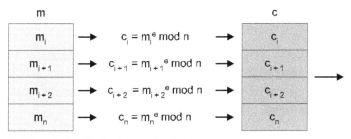

Abbildung 6-7: RSA-Algorithmus des Senders

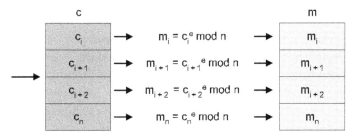

Abbildung 6-8:RSA-Algorithmus des Empfängers

6.2.2   DH[1]

Der erste Public-Key-Algorithmus der jemals patentiert wurde, war 1976 der von Whitfield Diffie und Martin E. Hellman (DH). DH eignet sich für die Erzeugung von Schlüsselpaaren, jedoch nicht für die Ver- oder Entschlüsselung von Nachrichten. Die Schlüsselgenerierung beruht auf dem folgend dargestellten Algorithmus.

Die Kommunikationspartner müssen sich zunächst auf eine große Primzahl n und eine Zahl g einigen. g hat als Bedingung, dass sie mod n primitiv sein muss. Beide Zahlen (n, g) können unbedenklich an die Öffentlichkeit gelangen. Das Protokoll läuft wie folgt ab:

1. Der Sender ermittelt eine zufällige große Zahl x. Mit Hilfe dieser sendet er die Gleichung:
   $\rightarrow X = g^x \bmod n$

2. Der Empfänger verfährt analog und erhält y, mit der er folgendes an den Sender zurück sendet:
   $\rightarrow Y = g^y \bmod n$

3. Der Sender berechnet die Gleichung:
   $\rightarrow k = Y^x \bmod n$

4. Der Empfänger berechnet:
   $\rightarrow k' = X^Y \bmod n$

k und k' sind jetzt beide $= g^{xy} \bmod n$. Es haben beide, Sender und Empfänger, die gleiche Zahl (k, k') unabhängig voneinander berechnet. Diese stellt den geheimen Schlüssel dar. Die Sicherheit von DH resultiert, wie auch bei RSA auf dem Problem der Faktorisierung großer Zahlen.

6.2.3   ElGamal[2]

Das Verfahren ist eine von Taher ElGamal 1985 abgeleitete Variante des Diffie-Hellmann-Verfahrens. Es ist sowohl für digitale Signaturen wie auch für Verschlüsselung brauchbar, wobei hier nur letzteres näher erläutert wird.

Der erzeugte Chiffretext ist – anders als bei Diffie-Hellmann - doppelt so groß wie die Ausgangsnachricht.

Die Erzeugung der Schlüssel erfolgt durch die nachstehende Vorgangsweise:

Es werden zufällig eine große Primzahl p und zwei Zufallszahlen g und x gewählt, die jeweils kleiner als p sein müssen. Mit Hilfe dieser Parameter kann man nun einen Teil (y) des öffentlichen Schlüssels berechnen:

$\rightarrow y = g^x \bmod p$

---

[1] Vgl. Schneier, B. (1996), S. 587 ff..
[2] Vgl. Schneier, B. (1996), S. 543 ff.

Der öffentliche Schlüssel setzt sich aus den Parametern y, g und p zusammen.
Der private Schlüssel ist x.

Public-Key	
p	Große Primzahl
g	<p; Zufallszahl
y	= g^x mod p
Private-Key	
x	< p; Zufallszahl

In Anlehnung an: Schneier, B. (1996), S. 546

Tabelle 6-2: Parameter der ElGamal-Schlüssel

Für das Verfahren ElGamal ist keine Stückelung der Ausgangsnachricht m nötig. Die Verschlüsselung wird auf die komplette Nachricht mit folgenden Funktionen angewendet:
Es werden zwei Teile a, b mit Hilfe der Parameter des öffentlichen Schlüssels und einem zufälligen k, welches relativ prim zu (p – 1) sein muss, berechnet. Das Paar a, b bildet zusammen den Chiffretext.

→ a = g^k mod p

→ b = y^km mod p

Um nun den Klartext M wieder zu ermitteln, wird folgendes gemacht:

→ M = b/a^x mod p

6.3   Hybride Verfahren

Hybride Verfahren sind eine Kombination aus symmetrischen und asymmetrischen Verfahren mit der Intention die jeweiligen Vorteile miteinander zu verbinden:

- schnelle symmetrische Nachrichtenverschlüsselung
- sichere asymmetrische Schlüsselverteilung

Ein weiterer Vorteil dieser Kombination ist die Reduzierung der im Umlauf befindlichen Schlüssel durch die asymmetrische Schlüsselübertragung.

Muss bei einem symmetrischen Verfahren zwischen je zwei Teilnehmern ein Schlüssel ausgetauscht werden, also N * (N - 1) / 2 Schlüssel bei N Teilnehmern, so befinden sich bei einem asymmetrischen Verfahren nur die N öffentlichen Schlüssel der N Teilnehmer in Umlauf. Die folgende Tabelle verdeutlicht, dass bei wachsender Anzahl von Teilnehmern eine symmetrische Verschlüsselung kaum noch praktikabel ist.[1]

---

[1] Vgl. Fuhrberg, K., Häger, D., Wolf, S. (2001), S. 93 f.

N	symmetrisch	asymmetrisch
10	45	10
100	4950	100
1000	499500	1000
10000	49995000	10000

In Anlehnung an: Fuhrberg, K., Häger, D., Wolf, S. (2001), S.94

Tabelle 6-3: Anzahl der Schlüssel bei symmetrischer und asymmetrischer Verschlüsselung

In der Praxis sind hybride Verfahren weit verbreitet und finden in allen gängigen Sicherheitsprotokollen / -programmen der eMail-Kommunikation Anwendung. Zum Verschlüsseln wird folgendes Vorgehen gewählt:

Mittels Zufallsgenerator wird ein Sitzungsschlüssel (Session Key) beim Versender generiert und mit dem asymmetrischen öffentlichen Schlüssel des Empfängers verschlüsselt und übertragen. Anschließend wird die Nachricht vom Versender mit dem symmetrischen Sitzungsschlüssel verschlüsselt und übertragen. Der Empfänger entschlüsselt zuerst den Sitzungsschlüssel mit seinem geheimen Schlüssel und kann diesen anschließend zur Entschlüsselung der Nachricht verwenden.

6.4   One-Way-Hashfunktionen

One-Way-Hashfunktionen dienen nicht zum direkten Ver- und Entschlüsseln von Daten, sondern sie transformieren einen beliebig langen Text in einen kürzeren Wert mit fester Länge. Man nennt diesen Wert kryptografischen Hashwert oder kryptografische Prüfsumme. One-Way-Hashfunktionen werden hauptsächlich zur Sicherung der Integrität eines übertragenen Textes benutzt. Zum Nachweis der Integrität wird der kryptografische Hashwert für eine Nachricht berechnet und ihr hinzugefügt. Da Hashverfahren in der Regel öffentlich bekannt sind, kann der Empfänger den kryptografischen Hashwert der Nachricht erneut berechnen und überprüfen, ob er mit dem mitgelieferten Wert übereinstimmt. Ist dies nicht der Fall, kann von einer Verfälschung der Nachricht ausgegangen werden. Dieses Verfahren bietet Schutz vor Fehlern in der Datenübertragung, aber keinen Schutz vor Angriffen, da ein Angreifer eine Nachricht fälschen und ihren kryptografischen Hashwert neu berechnen kann. Um die Gefahr der mutwilligen Verfälschung zu umgehen, gibt es die Möglichkeit schlüsselabhängige kryptografische Hashwerte zu erzeugen. Hierfür gibt es verschiedene Methoden. Zum einen ist es möglich, den kryptografischen Hashwert vor der Übertragung mit einem symmetrischen Verfahren zu verschlüsseln. Zum anderen kann der geheime Schlüssel an die zu hashende Nachricht angehangen und anschließend der kryptografische Hashwert berechnet werden. Schlüsselabhängiges Hashing bietet neben der Integritätssicherung auch Authentifizierung. Die Eindeutigkeit der Authentifizierung ist davon abhängig, wie viele Personen im Besitz des geheimen Schlüssels sind.

Folgende Sicherheitseigenschaften lassen sich den One-Way-Hashfunktionen zuschreiben:[1]

- Ein Rückschluss von einer kryptografischen Prüfsumme auf die ursprüngliche Nachricht ist praktisch unmöglich.

- Es ist extrem unwahrscheinlich, dass zwei unterschiedliche Nachrichten die gleiche kryptografische Prüfsumme aufweisen.

- Jedes Bit der kryptografischen Prüfsumme ist abhängig von jedem Bit der Nachricht.

- Ändert sich ein Bit der Nachricht, verändert sich auch jedes Bit der kryptografischen Prüfsumme mit einer Wahrscheinlichkeit von 50%.

Die nachfolgenden Kapitel liefern einen Überblick über die wichtigsten One-Way-Hashfunktionen.

6.4.1 MD5

MD5 steht für Message Digest 5 und ist der Nachfolger von MD4. Er wurde 1991 von Ron Rivest auf Basis von MD4 entwickelt. Die Wahrscheinlichkeit, dass mit MD5 zwei beliebige Nachrichten denselben Hashwert haben liegt bei: 0,000 000 000 000 000 000 000 000 000 000 029 Prozent[2]. Bei MD5 wird ein Hashwert der Eingabenachricht von 128 Bit erzeugt. Die Erzeugung dieses Hashwertes funktioniert wie folgt beschrieben:

Eine beliebig lange Nachricht wird in Blöcke á 512 Bit aufgeteilt, wobei der letzte Block nur 512 minus 64 Bit lang ist, da die eigentliche Nachrichtenlänge in 64 Bit gespeichert, und an den letzten Block angehängt wird. Lässt sich die Nachricht nicht genau in die Blöcke aufteilen, wird sie aufgefüllt, und zwar mit einer eins, und den Rest mit Nullen. Es werden nun 4-32 Bit Variablen initialisiert, die am Ende zusammengefasst den Hashwert von 128 Bit ergeben. „Diese Variablen heißen **Verkettungsvariablen** (chaining variables)."[3] Sie werden hier zur Vereinfachung A, B, C, D genannt. Nach der

---

[1] Vgl. Fuhrberg, K., Häger, D., Wolf, S. (2001), S.95

[2] Vgl. http://neue-medien.fh-joanneum.at/proj/nm/nm14/security.html, Stand 18.12.2003

[3] Schneier, B. (1996), S. 499

Festlegung der Variablen kommt es zu der Hauptschleife des Algorithmus, die für alle 512 Bit-Blöcke durchlaufen wird:

1. Die Variablen A, B, C, D werden in vier andere Variablen a, b, c, d zu je 32 Bit kopiert.

2. Es müssen vier so genannte Runden durchlaufen werden, mit jeweils 16 Operationen, wobei für jede dieser Operationen ein Nachrichtenteil von 32 Bit (16*32=512) angewendet wird.

3. Während des Durchlaufens der Runden werden die vier Variablen a, b, c, d zu a', b', c', d' verändert.

4. Die veränderten Variablen werden auf die Ausgangsvariablen A, B, C, D addiert.

Nach dem diese Schleife für alle 512-er Blöcke durchlaufen wurde, werden die Variablen A, B, C, D hintereinander gehängt, und ergeben somit den Hashwert von 128 Bit.

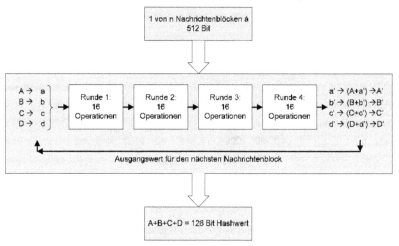

In Anlehnung an: Schneier, B. (1996), S. 499 ff.

Abbildung 6-9: Vorgehensweise MD5

6.4.2 SHA-1

SHA-1 wurde von der NIST (National Institute of Standards and Technology) und der NSA (National Security Agency) entwickelt. Er entstand nach einer Verbesserung des Verfahren SHA-0, welches schon kurz nach seiner Veröffentlichung geknackt wurde.

SHA-1 findet Anwendung im DSD, dem Digital Signature Algorithm. Es wird bei SHA ein 160Bit langer Schlüssel erzeugt[1].

Das Grundprinzip von SHA-1 entspricht dem von MD5 mit folgenden Abweichungen:

- Der Hashwert ist länger als bei MD5; 160 Bit – 128 Bit
- Es werden fünf Variablen zu je 32 Bit (32*5=160) initialisiert, statt der vier bei MD5
- Die Hauptschleife besteht aus vier Runden á 20 Operationen (MD5: vier Runden und 16 Operationen)
- Die Operationen verlaufen unterschiedlich

Im direkten Vergleich ist zu erkennen, dass MD5 mehr als das doppelte langsamer als SHA-1 ist.

Algorithmus	Hashlänge	Hashgeschwindigkeit in Kilobyte/Sekunde
MD2	128	23
MD5	128	174
SHA-1	160	75

In Anlehnung an: Schneier, B. (1996), S. 520

Tabelle 6-4: Geschwindigkeiten von MD5/SHA-1 auf einem 486SX mit 33 MHz

---

[1] Vgl. Schneier, B. (1996), S. 504

7   Integrationskonzepte

Für die sichere Gestaltung der eMail-Kommunikation ergeben sich drei verschiedene Lösungsansätze. Jeder Ansatz bringt Vor- und Nachteile mit sich, die End-to-End-Verschlüsselung ist jedoch die einzige Lösung, die den Anforderungen des Signaturgesetzes (SigG)[1] entspricht.

7.1   Sicherung der Übertragungswege

Die einfachste Methode die eMail-Kommunikation abzusichern ist die Verschlüsselung des Datentransfers zwischen zwei Standorten. Nachteilig ist hierbei, dass jede eMail zeitaufwendig chiffriert bzw. dechiffriert wird und die gesicherte Kommunikation aufwendig und teuer ist, da zu jedem Kommunikationspartner einer gesicherten Leitung erstellt werden muss. Des Weiteren können die Nachrichten unternehmensintern weiterhin abgefangen, gelesen und manipuliert werden. Eine Digitale Signatur der Nachricht kann nicht realisiert werden.

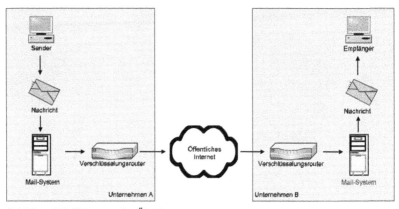

Abbildung 7-1: Sicherung des Übertragungsweges

7.2   Gateways

Eine weitaus günstigere alternative ist die Verschlüsselung der eMail auf dem Mail-System des Unternehmens. Das Public-Key-Verfahren kann hierbei genutzt werden. Das Unternehmen stellt seinen öffentlichen Schlüssel auf einer Unternehmenswebsite, die via https gesichert ist, den Kommunikationspartnern zur Verfügung. Diese können

---

[1] Vgl. www.bsi.bund.de/esig/basics/legalbas/sigg2001.pdf

den Schlüssel zur Chiffrierung der eMails an das Unternehmen benutzen. Im Unternehmen werden die empfangenen eMails wieder dechiffriert und an den Empfänger weitergeleitet. Auch hier sind die Nachrichten wieder innerhalb des Unternehmens lesbar und manipulierbar. Eine Digitale Signatur im Sinne des SigG kann nicht realisiert werden. Die Kosten für die Schlüsselgenerierung und Verwaltung sind gegenüber der End-to-End-Verschlüsselung jedoch deutlich geringer.

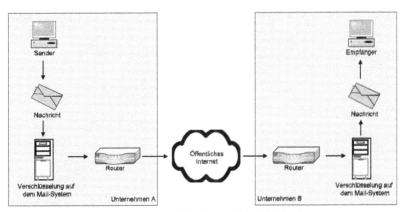

Abbildung 7-2: Sicherung durch Verschlüsselung auf den Mail-System

7.3   End-to-End-Verschlüsselung

Inhalt des Konzeptes der End-to-End-Verschlüsselung ist die Sicherung der eMail-Kommunikation am Arbeitsplatz des Benutzers. Man unterscheidet zwischen Sicherheitslösungen, die in dem eMail-Client integriert sind, und Sicherheitslösungen, die auf einer separaten Anwendungsschicht arbeiten. In der folgenden Tabelle werden die Vor- und Nachteile der Lösungen aufgeführt.

	Im eMail-Client integriert	Im eMail-Client nicht integriert
Vorteile	• Benutzerfreundliche Schnittstelle	• Sicherheitslösung kann mit verschiedenen eMail-Clients benutzt werden • Sicherheitslösung kann unabhängig vom eMail-Client beschafft werden • Sicherheitslösung kann i. d. R. auch für Datenchiffrierung auf anderen Medien benutzt werden
Nachteile	• Mangelnde Kompatibilität mit anderen eMail-Clients	• Benutzerfreundlichkeit ist reduziert

Tabelle 7-1: Vor- und Nachteile der Integration in den eMail-Client

Die Entscheidung eine eMail zu chiffrieren oder nicht liegt bei diesem Verfahren beim Benutzer. Dies hat den Vorteil, dass nicht jede unwichtige eMail zeitaufwendig chiffriert wird. Außerdem besitzt so jeder Benutzer einen eigenen öffentlichen und privaten Schlüssel. Die empfangenen Nachrichten können nicht mehr innerhalb der Firma abgefangen und gelesen bzw. verändert werden und die gesendeten werden automatisch digital signiert. So kann jede eMail eindeutig einem Benutzer zugeordnet werden und die Anforderungen des SigG sind erfüllt. Nachteilig ist bei dieser Lösung jedoch, dass Fehleinschätzungen bei der Einschätzung der Wichtigkeit der eMails entstehen können, die Schlüsselverwaltung enorme Ausmaße annimmt und die Benutzer in dem Umgang mit der Sicherheitslösung geschult werden müssen.

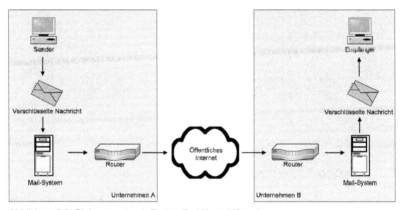

Abbildung 7-3: Sicherung durch End-to-End-Verschlüsselung

8   Zertifizierung

Ein großes Problem der Public-Key-Verschlüsselungssysteme ist es, die Echtheit der öffentlichen Schlüssel sicherzustellen. Die Kommunikationspartner sind oft weit voneinander entfernt, so dass ein persönlicher Austausch der Schlüssel nur schwer möglich ist. Eine sichere Lösung ist die zentrale Zertifizierung der öffentlichen Schlüssel durch etablierte Institute. Diese stellen ein Verzeichnis bereit, in dem die Schlüssel unterschrieben und mit Namen des Besitzers abgelegt sind. Die Kommunikationspartner können die öffentlichen Schlüssel des anderen abrufen und von der Echtheit des Schlüssels ausgehen.

8.1   X.509

X.509 ist ein Standardformat für Software-Zertifikate und Authentifizierungsdienste, mit dem eMails digital signiert bzw. verschlüsselt werden können. Ein Zertifikat nach X.509 bindet einen öffentlichen Schlüssel an einen Verzeichnisnamen und an die Instanz, die sich dafür verbürgt. Diese Instanz wird Certification Authority (CA) genannt. Die vollständige Datenstruktur wird digital signiert. Jede Instanz gibt ihren Zertifikaten eine eindeutige Seriennummer. Im Herausgeberfeld ist die Institution eingetragen, die sich für das Zertifikat verbürgt. Die Gültigkeitsdauer gibt den Zeitraum an, für den das Zertifikat gilt.

Version	1.0
Seriennummer	123456789
Signatur-Algorithmus	RSA mit MD5, 512
Herausgeber	C=US, S=MA, O=BBN, OU=Comm Div
Gültigkeitsdauer	01/01/98 – 01/01/99
Person	C=US, CN=Max Mustermann
Öffentlicher Schlüssel	RSA, 512, ************
Signatur	*****************************

Tabelle 8-1: X.509-Zertifikat

Ein Zertifikat wird verifiziert, indem die Signatur mit dem öffentlichen Schlüssel der herausgebenden Instanz überprüft wird. Dies verlagert das Problem, sicher an den Schlüssel des Empfängers zu gelangen, darauf, den Public-Key der herausgebenden Instanz zu bekommen. Diese wird für ihren Schlüssel wieder ein Zertifikat einer anderen Instanz besitzen und so weiter. Daraus ergibt sich ein gerichteter Zertifizierungsgraph, der bei einer hierarchischen Anordnung der Instanzen einen Baum darstellt.

Ein Zertifikat wird ungültig, wenn es zeitlich abgelaufen ist oder die herausgebende Instanz es widerruft, indem sie es auf einer besonderen Liste, der Revocation List, einträgt. In dieser Liste ist die Seriennummer der widerrufenen Zertifikate, das dazugehörige Datum und eventuell der Grund für der Widerruf vermerkt. Bei der Verifizierung eines Zertifikats muss also zusätzlich überprüft werden, ob es nicht in der Revocation List steht und somit ungültig ist.

S/MIME und PEM verwenden für die öffentlichen Schlüssel Zertifikate nach X.509.

8.2   Web of Trust

Das Web of Trust ist ein auf Vertrauen basierendes Zertifizierungssystem. PGP verwendet dieses System, um die Echtheit der öffentlichen Schlüssel zu gewährleisten. Im Trust-Feld wird vermerkt, wie sehr dem zugeordneten Benutzer vertraut wird, andere Schlüssel zu signieren. Dieser Wert muss PGP manuell mitgeteilt werden. Aus den Vertrauenswerten der Signaturen eines Schlüssels berechnet PGP die Gültigkeit, d.h. ein Maß für die Wahrscheinlichkeit, dass der Schlüssel authentisch ist. Die Schlüssel, die mit dem eigenen Public-Key signiert wurden, besitzen die höchste Gültigkeit. Besitzt ein Schlüssel keine Signatur, so wird er als ungültig angenommen und der Benutzer erhält bei seiner Verwendung einen entsprechenden Hinweis.

Der Vorteil dieses Systems auf Vertrauensbasis ist, dass es sowohl zentralisiert mit einer Zertifizierungsinstanz arbeitet, als auch dezentralisiert, wie es im privaten Umfeld vorkommt. Ein Nachteil ist, dass es keine hierarchische Anordnung der Instanzen erlaubt und nicht die Möglichkeit bietet, weitere Attribute an den öffentlichen Schlüssel zu binden.

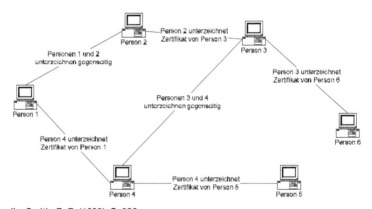

Quelle: Smith, R. E. (1998), S. 326

Abbildung 8-1: Beziehungen der einzelnen Zertifikate im Vertrauensgeflecht

9   Digitale Signatur

Die zunehmende kommerzielle Nutzung des Internets und die Verlegung des Informationsflusses auf elektronische Medien machen es erforderlich, Daten sicher an den Empfänger zu übermitteln. Zusätzlich zur Verschlüsselung ist es daher notwendig ein äquivalent der traditionellen Unterschrift zu entwickeln. Mit Hilfe der der Digitalen Signatur können Warenbestellungen, Anträge oder Einsprüche bei Behörden und eine Vielzahl anderer Kommunikationsbeziehungen gesichert stattfinden. Die Hauptaufgabe ist dabei die Identifizierungsfunktion, da die meisten in Deutschland oder der EU geschlossenen Verträge keine besondere Form verlangen.

Für den Ersatz der Unterschrift auf Papier muss die Digitale Signatur folgende Merkmale aufweisen:

1. Die Signatur kann nicht gefälscht werden.
2. Die Signatur kann nur willentlich unter das Dokument gesetzt werden.
3. Die Signatur kann nicht auf ein anderes Dokument übertragen werden.
4. Nachträgliche Änderungen des Dokumentes sind nicht möglich.
5. Die Signatur kann später nicht geleugnet werden.

9.1   Erzeugung digitaler Signaturen

Für die Erzeugung Digitaler Signaturen gibt es verschieden Lösungsansätze. Diese erfüllen mehr oder weniger die bereits beschriebenen Anforderungen.

9.1.1   Verwendung symmetrischer Kryptografie

Die einfachste Variante der Digitalen Signatur ist die Chiffrierung der Nachricht mit einem symmetrischen Verschlüsselungsverfahren. Der Sender und der Empfänger vereinbaren einen geheimen Schlüssel und verwenden diesen für die Chiffrierung bzw. Dechiffrierung der Nachricht. Die Nachricht kann während der Übertragung nicht verändert werden und der Empfänger weiß, dass nur der Sender das Dokument erstellt haben kann. Es ergeben sich jedoch folgende Probleme:

- Falls einer der beiden Seiten den Schlüssel verliert oder weitergibt, funktioniert das Verfahren nicht mehr.
- Es existiert keine an das Dokument gebundene Signatur.
- Der Empfänger kann das Dokument verändert an Dritte weitergeben.

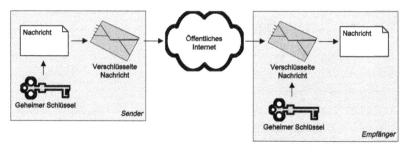

Abbildung 9-1: Digitale Signatur mit symmetrischer Kryptografie

9.1.2   Verwendung asymmetrischer Kryptografie

Dieses Verfahren merzt einige der Fehler der ersten Variante aus, erfüllt jedoch nicht alle gegebenen Anforderungen. Der Sender chiffriert seine Nachricht mit seinem privaten Schlüssel und der Empfänger kann diese mit dem entsprechenden öffentlichen Schlüssel wieder lesbar machen. Die Identität des Senders ist so eindeutig feststellbar, aber das Dokument muss zum lesen jedes Mal zeitaufwendig dechiffriert werden. Aus diesem Grund wird das Dokument wahrscheinlich unverschlüsselt weitergereicht und die Unterschrift ist nicht mehr nachvollziehbar. Die Gefahr der Manipulation am Dokument ist sehr groß.

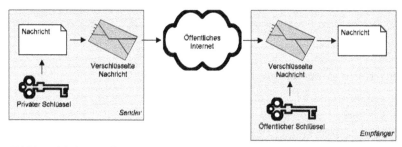

Abbildung 9-2: Digitale Signatur mit asymmetrischer Kryptografie

9.1.3   Verwendung von asymmetrischer Kryptografie und Hashfunktionen

Bei der dritten Variante wird zuerst mit Hilfe einer Hashfunktion ein Hashwert von dem zu sendenden Text erstellt. Dieser wird mit dem privaten Schlüssel des Senders chiffriert und an den mit dem öffentlichen Schlüssel des Empfängers chiffrierten Text gehängt. Der Text kann dann vom Empfänger mit seinem privaten Schlüssel wieder lesbar gemacht werden. Er erzeugt einen zweiten Hashwert und vergleicht diesen mit

34

dem gesendeten Hashwert, den er zuvor mit dem öffentlichen Schlüssel des Senders dechiffriert hat. Wenn der Vergleich erfolgreich ist, dann ist der Text unverändert übersandt worden.

Dieses Verfahren erfüllt alle Anforderungen:

- Die Identität des Senders ist eindeutig, da nur er den privaten Schlüssel besitzt.
- Die Signatur muss er willentlich erzeugt haben.
- Die Signatur kann nicht auf ein anderes Dokument übertragen werden, da sonst der gesendete Hashwert nicht mehr identisch ist.
- Nachträgliche Änderungen des Dokumentes sind nicht mehr möglich, da sonst der gesendete Hashwert nicht mehr identisch ist.
- Der Sender kann die Signatur nicht mehr leugnen.

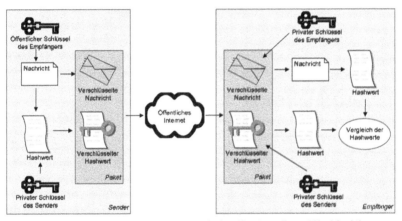

Abbildung 9-3: Digitale Signatur mit asymmetrischer Kryptografie und Hashfunktion

9.2   Rechtliche Grundlagen

Die vielen Anwendungsmöglichkeiten und die hohen Sicherheitsanforderungen machen es erforderlich, dass die Gesetzgebung die Rahmenbedingungen für den Gebrauch der Digitalen Signaturen anpasst.

Es müssen entsprechende Gesetze, Vorschriften und Normen auf nationaler und internationaler Ebene geschaffen werden, um einen sicheren und reibungslosen Einsatz dieser Technologie zu ermöglichen.

9.2.1 Signaturgesetz und Signaturverordnung

Deutschland gehörte zu den ersten Staaten, die gesetzliche Rahmenbedingungen für die Nutzunge der Digitalen Signatur festlegten. 1997 wurde das erste Signaturgesetz (SigG)[1] erlassen, welches den Ende 1999 Signaturrichtlinien der EU als Vorbild diente. Nach einer Überprüfung und Anpassung traten das neue Signaturgesetz und die Signaturverordnung (SigV)[2] 2001 in Kraft.

Am 3. April 2003 wurde von Staat und Wirtschaft das „Bündnis für elektronische Signaturen" gegründet. Durch die Zusammenarbeit der Partner wird ein Schub für den Markt der Digitalen Signatur erwartet. Zukünftig soll sie verstärkt für eCommerce- und eGovernment-Anwendung eingesetzt werden.

9.2.2 EU-Richtlinie

Wie bereits erwähnt schuf die EU eine Richtlinie für den einheitlichen Gebrauch der Digitalen Signatur in den europäischen Staaten. Sie soll das Problem der unterschiedlichen Anerkennung der Signatur in den europäischen Staaten lösen und den internationalen Geschäftsverkehr vereinfachen.

9.2.3 DSS (Digital Signatur Standard)

Der DSS (Digital Signatur Standard) ist der, durch das NIST (National Institute of Standards and Technology) eingerichtete, Standard der US Regierung für Digitale Signaturen. Er beruht auf den Algorithmen DSA (Digital Signature Algorithm) und SHA (Secure Hash Algorithm), die beide von der NSA entwickelt wurden.

DSA ist eine Variante des ElGamal-Algorithmus für Digitale Signaturen, der wiederum eine Variante des Diffie-Hellmann-Algorithmus ist. Bei diesem Verfahren wird zuerst mit SHA ein 160 Bit langer Hashwert der Nachricht erzeugt. Danach wird eine geheime Zufallszahl generiert und der DSA auf die Zufallszahl, den Hashwert und den privaten Schlüssel des Absenders angewendet. Die berechnete Signatur wird an die Nachricht angehängt und die Zufallszahl gelöscht.[3]

---

[1] Vgl. http://www.bsi.bund.de/esig/basics/legalbas/sigg2001.pdf, Stand 12.12.2003

[2] Vgl. http://www.bsi.bund.de/esig/basics/legalbas/sigv2001.pdf, Stand 12.12.2003

[3] Vgl. Smith, R. E. (1998), S. 293 f.

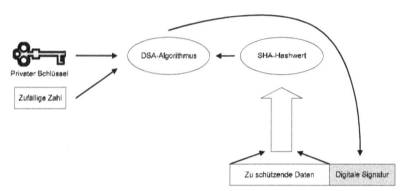

Quelle: Smith, R. E.: Internet-Kryptographie (1998) S. 294

Abbildung 9-4: Signatur mit DSA

10   Aktuelle Standardverfahren

In der eMail-Kommunikation setzten die verwendbaren Verschlüsselungsverfahren auf der 7.Schicht, der Anwendungsschicht, des OSI-Referenzmodells auf. Zur Anwendungsschicht gehört unter Anderem das Protokoll SMTP, mit dem im Internet hauptsächlich eMails transportiert werden. Durch das Aufsetzten der Verschlüsselung auf der Anwendungsschicht können eMails direkt am Arbeitsplatz des Anwenders verschlüsselt werden. Das zur Verschlüsselung gewählte Verfahren kann als Modul in das jeweilige eMail-Programm integriert werden.

10.1   PGP

PGP steht für „Pretty Good Privacy, ein von dem Amerikaner Phillip Zimmermann 1991 erstmals vorgestelltes Verschlüsselungsprogramm.

„Mit mehr als vier Millionen Anwendern ist PGP (Pretty Good Privacy) der weltweite Standard für die Encryption von Daten und vor allem eMails." [1]

Sein Hauptaufgabengebiet besteht in der Verschlüsselung von eMails und deren digitalen Signierung, wobei aber auch Dateianhänge mit verschlüsselt werden können. Es kann in bestehende eMail-Clients (wie zum Beispiel Outlook) integriert werden, wobei für eine erfolgreiche Verschlüsselung mittels PGP, Sender und Empfänger die PGP-Software installiert haben müssen. PGP ist als Freeware-Version für private Anwender und als kommerzielle Version für Unternehmen erhältlich.

10.1.1 Funktionalität

PGP basiert auf einem hybriden Verschlüsselungsverfahren. Es wird dabei die hohe Sicherheit der asymmetrischen Verfahren und die Schnelligkeit der symmetrischen Verfahren ausgenutzt.

Für das asymmetrische Verfahren wird ein Schlüsselpaar generiert, für das gilt, je größer die gewählte Schlüssellänge, desto sicherer ist das Verfahren - und desto langsamer[2]. Das Schlüsselpaar besteht aus einem Public-Key (öffentlicher Schlüssel), und einem Private-Key (privater Schlüssel). Der Public-Key wird auf einem Public-Key-Server abgelegt. Diese sind zentrale Verwaltungsstellen für Public-Keys, auf die allgemein zugegriffen werden kann, um an einen Public-Key zu gelangen. Der Private-

---

[1] Britschgi, A. www.vianetworks.ch/publikationen/pgp.htm, Stand 11.03

[2] Vgl. http://www.strato.de/service/allgemein/anleitung/pgp/pgp.html, Stand 08.01.2004

Key wird auf dem lokalen Computer des PGP-Benutzers installiert, und dort über eine Passphrase geschützt.

Um mit dem Public-Key den Inhalt einer eMail zu verschlüsseln, wird diese zunächst durch ein symmetrisches Verfahren verschlüsselt. Dies geschieht durch einen, für jede Übertragung neu generierten, zufälligen Schlüssel, der Session-Key ($K_{SESSION}$) genannt wird. Dieser wird mit Hilfe des Public-Keys des Empfängers (KE_{PUBLIC}), verschlüsselt. Die Entschlüsselung des Session-Keys kann nur mit dem Private-Key des Empfängers ($KE_{PRIVATE}$) vorgenommen werden.

Damit der Empfänger die Unverfälschtheit der Nachricht, sowie die Authentizität des Senders (digitale Signatur) feststellen kann, wird über ein Hashverfahren eine 128 Bit lange Prüfsumme, ein so genannter „Fingerprint", des zu verschlüsselnden Textes gebildet. Diese Prüfsumme wird zuerst mit dem Private-Key des Senders ($KS_{PRIVATE}$), und dann mit dem Public-Key des Empfängers verschlüsselt.

Die so verschlüsselte Prüfsumme wird zusammen mit der verschlüsselten eMail und dem verschlüsselten Session-Key versendet.

N: Nachricht
P: Prüfsumme aus Hashverfahren
$KS_{PRIVATE}$: Private-Key des Senders
KS_{PUBLIC}: Public-Key des Senders
$KE_{PRIVATE}$: Private-Key des Empfängers
KE_{PUBLIC}: Public-Key des Empfängers
$K_{SESSION}$: Session-Key

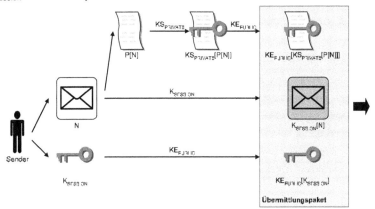

Abbildung 10-1: PGP- Vorgehensweise aus Sicht des Senders

Der Empfänger kann nach dem Eintreffen des eMail-Paketes, mit Hilfe seines Private-Keys, die noch mit dem Public-Key des Senders zu entschlüsselnde Prüfsumme, sowie den Session-Key entschlüsseln. Über den Public-Key des Senders (KS_{PUBLIC}), ist es dem Empfänger jetzt möglich, die Authentizität des Senders zu überprüfen. Die Nachricht kann über den Session-Key wieder entschlüsselt, und über das Hashverfahren auf Unverfälschtheit überprüft werden.

N: Nachricht
P: Prüfsumme aus Hashverfahren
$KS_{PRIVATE}$:   Private-Key des Senders
KS_{PUBLIC}:   Public-Key des Senders
$KE_{PRIVATE}$:   Private-Key des Empfängers
KE_{PUBLIC}:   Public-Key des Empfängers
$K_{SESSION}$:   Session-Key

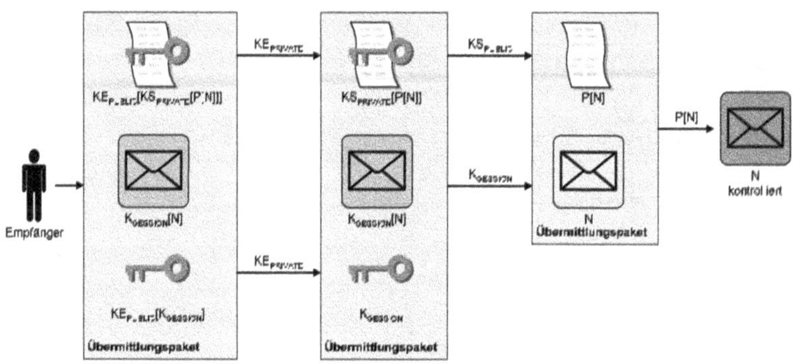

Abbildung 10-2: PGP - Vorgehensweise aus Sicht des Empfängers

10.1.2 Angewandte Algorithmen

Ursprünglich verwendete PGP RSA als asymmetrisches und IDEA als symmetrisches Verfahren und MD5 als Hashfunktion zur Verschlüsselung und Signatur der eMails. Aufgrund der Drohung der Patentinhaber, Lizenzgebühren für den RSA-Algorithmus zu erheben, wurden ab der Version 5 zusätzliche Verfahren eingeführt. Dieses zusätzliche Verfahren ist DSS/SH. Der verwendete Algorithmus ist eigentlich der ElGamal-Algorithmus, der eine Modifikation des DH-Verfahrens ist. Die Verwandschaft führte dazu, dass ElGamal-Schlüssel (fälschlicherweise) Diffie-Hellman-Schlüssel (DH) genannt werden[1]. Deswegen wird das asymmetrische Verfahren hier DSS/DH genannt.

---

[1] Vgl. http://www.foebud.org/pgp/html/node8.html#SECTION02440000000000000000, Stand 01.04

Asymmetrisches Verfahren / Verfahrensart	RSA	DSS/DH
Symmetrisches Verfahren	IDEA	IDEA
		Triple-DES
		CAST
Hashfunktion	MD5	SHA-1

Tabelle 10-1: Die Zusammengehörigkeiten der verwendeten Verfahren

Wie in der Tabelle 9-1 ersichtlich kann DSS/DH mit den symmetrischen Verfahren IDEA, Triple-DES oder CAST kombiniert werden. SHA-1 ersetzt die bei RSA verwendete MD5 Hashfunktion. Grundsätzlich unterstützen alle Versionen ab PGP 5 beide Vorgehensweisen, sowohl RSA als auch DH/DSS, auch wenn die jeweilige Schlüsselgenerierung nicht immer möglich ist.

PGP Version / Verschlüsselungs-verfahren	2.6.x	5.x.x	6.x.x	6.x.xic	6.0.2ckt
RSA	2048 / 2048	2048 / 8192	2048 / 2048	2048 / 4096	16384 / 16384
DH	-- / --	4096 / 4096	4096 / 4096	4096 / 4096	8192 / 8192
MD5 Support?	Ja	Ja	Ja	Ja	Ja
SHA-1 Support?	Nein	Ja	Ja	Ja	Ja
IDEA Support?	Ja	Ja	Ja	Ja	Ja
CAST Support?	Nein	Ja	Ja	Ja	Ja
3DES Support?	Nein	Ja	Ja	Ja	Ja

In Anlehnung an: http://www.scramdisc.clara.net/pgpfaq.html

Tabelle 10-2: PGP Versionen mit den verwendeten Verfahren und deren Schlüssellängen

Blaue Schlüssellängen bezeichnen die maximale Schlüssellänge, die von dieser Version generiert werden kann.

Orange Schlüssellängen bezeichnen die maximale Schlüssellänge, die von dieser Version unterstützt wird.

10.2 S/MIME

S/MIME (Secure/Multipurpose Internet Mail Extension) ist ein von der Firma RSA entwickelter Verschlüsselungsstandard für eMails.

S/MIME hat sich zu einem wichtigen Verfahren entwickelt und wird von Anbietern wie Microsoft und Netscape in deren eMail-Programmen unterstützt[1]. Die aktuelle 3. Version von S/MIME ist in den Internet-Standards RFC 2632-2634[2] definiert.

---

[1] Vgl. Schmeh, K. (2001), S. 431

[2] Vgl. http://www.ietf.org/rfc/, rfc2632.txt, rfc2633.txt, rfc2634.txt, Stand 06.01.2004

10.2.1 Funktionalität

S/MIME ist eine Erweiterung zum MIME-Standard, der den Aufbau und Versand von mehrteiligen, multimedialen oder binären Nachrichten im Internet festlegt. Die Public Key Cryptography Standards (PKCS), speziell PKCS #7, geben für S/MIME das Format von digitalen Signaturen und Umschlägen vor. Die Zertifizierung der öffentlichen Schlüssel erfolgt gemäß den X.509 Zertifikaten.

Mit S/MIME lassen sich Nachrichten mittels eines Hybridverfahrens verschlüsseln und digital signieren. Grundsätzlich bietet S/MIME eine ähnliche Funktionalität wie PGP. Darüber hinaus werden zusätzliche Möglichkeiten angeboten wie eine signierte Empfangsbetätigung oder das Verschlüsseln von Mailinglisten.

Die hybride Verschlüsselungstechnologie wird wie folgt angewendet:

Eine schnelle symmetrische Verschlüsselung der eigentlichen Nachricht mit einem generierten Sitzungsschlüssel und eine anschließende asymmetrische Verschlüsselung des Sitzungsschlüssels mit dem öffentlichen Schlüssel des Nachrichten-Empfängers.

Ein MIME-Objekt wird in drei Schritten verschlüsselt:

• Das MIME-Objekt wird wie üblich erzeugt und zur Verschlüsselung vorbereitet.

• Das MIME-Objekt und die verschlüsselten Datenschlüssel werden zu einem CMS-Objekt vom Typ envelopedData zusammengefasst. Der Sitzungsschlüssel, mit dem das MIME-Objekt verschlüsselt wurde, muss für jeden Empfänger (und sollte auch für den Absender) mit dessen öffentlichen Schlüssel verschlüsselt im CMS-Objekt enthalten sein.

• Das CMS-Objekt wird in ein application/pkcs7-mime MIME-Objekt eingebettet. Der smime-type Parameter ist 'enveloped-data' und die File-Erweiterung ist 'p7m'.

10.2.2 Angewandte Algorithmen

In der aktuellen dritten Version von S/MIME werden die folgenden Algorithmen unterstützt[1]:

• Triple-DES für symmetrische Verschlüsselung

• DSA für digitale Signaturen

• SHA-1 als kryptografische Hashfunktion

• Diffie-Hellmann zum asymmetrischen Schlüsselaustausch

Für ältere S/MIME Versionen ist die Unterstützung der Algorithmen MD5, RSA und RC2 empfohlen.

---

[1] Vgl. Schmeh. K. (2001), S.430

10.3 PEM

PEM (Privacy Enhancement for Internet Electronic Mail) wurde als Standard für sicheres eMailing entwickelt und ist in den Internet-Standards RFC 1421–1424 spezifiziert. PEM gilt als Pionier in der eMail-Kryptografie, ist aber veraltet[1].

10.3.1 Funktionalität

PEM bietet die folgenden Funktionalitäten:

- Signieren und Verschlüsseln von eMails
- digitale Zertifikate
- symmetrisches Schlüsselmanagement
- asymmetrisches Schlüsselmanagement

PEM setzt auf dem 7-Bit-ASCII Format auf in das jede Nachricht vor und nach dem Verschlüsseln konvertiert wird. Jede PEM-Nachricht enthält die Signatur des Verfassers. Nicht-signierte Nachrichten werden von PEM nicht unterstützt. Die Verschlüsselung einer Nachricht ist aber nicht zwingend erforderlich. Die typischen Bestandteile einer PEM-Nachricht sind die verschlüsselten bzw. unverschlüsselten Daten, die Signatur, ein mit dem öffentlichen Schlüssel des Empfängers verschlüsselter symmetrischer Schlüssel und das digitale Zertifikat des Absenders. Grundsätzlich unterscheidet PEM die drei Nachrichtentypen MIC-CLEAR, MIC-ONLY und ENCRYPTED. MIC-CLEAR-Nachrichten sind digital signiert. Sie bleiben auch für Empfänger, die kein PEM verwenden lesbar. MIC-ONLY beinhaltet zusätzlich zur digitalen Signatur noch eine Transportkodierung der Nachricht, welche die Daten durch eine Umkodierung durch Mail-Gateways schützt. Nachrichten des Typs ENCRYPTED enthalten zusätzliche zu den MIC Funktionen noch die verschlüsselten Daten[2]. Eingebettet wird eine PEM-Nachricht in den Nutzdatenteil einer eMail.

Als Architektur zur Verwaltung der öffentlichen Schlüssel wird eine zentrale Server-Hierarchie verwendet. Diese basiert auf den X.509 Standards, wie in RFC 1422[3] spezifiziert.

---

[1] Vgl. Schmeh, k. (2001), S.426

[2] Vgl. http://www.ietf.org/rfc/rfc1421.txt, Stand 06.01.2004

[3] Vgl. http://www.ietf.org/rfc/rfc1422.txt, Stand 06.01.2004

10.3.2 Angewandte Algorithmen

Die in PEM einsetzbaren kryptografischen Verfahren sind in dem RFC 1423 festgelegt[1].

Verschlüsselung von Nachrichten:

- DES im CBC-Mode

Integritäts- / Authentizitätssicherung von Nachrichten:

- RSA mit MD2 als Hashfunktion
- RSA mit MD5 als Hashfunktion

Symmetrisches Schlüsselmanagement:

- DES im ECB-Mode
- Triple DES

Asymmetrisches Schlüsselmanagement:

- RSA - zur Verschlüsselung von Nachrichtenschlüsseln
- RSA mit MD2 - zur Signatur von Zertifikaten und Sperrlisten

---

[1] Vgl. http://www.ietf.org/rfc/rfc1423.txt, Stand 06.01.2004

11   Fazit

Die eMail-Kommunikation ist mittlerweile zu einem Standard in den Bereichen Privat-Anwender, Untenehmen und öffentliche Einrichtungen geworden. Aus diesem Grunde wird ein wirkungsvoller Schutzmechanismus unumgänglich für den sicheren Gebrach dieses Kommunikationsmediums. Waren Anfang der 80 Jahre die Verfahren und Einbindungsmöglichkeiten der Kryptografie in den eMail-Verkehr sehr mühsam in der Einbindung und unfreundlich der Anwender gegenüber, so sind heute die Verfahren wesentlich besser in den Anwendungsprogrammen zum eMail-Verkehr integriert und entsprechend einfach vom Anwender zu bedienen.

Im Wesentlichen haben sich zwei Verfahren als Standard durchsetzen können. Zum einen das weltweit am häufigsten eingesetzte PGP-Verfahren und zum anderen das S/MIME-Verfahren. Diese beiden Verfahren unterstützen die zurzeit am häufigsten eingesetzten eMail-Programme und sind in diese ohne viel Aufwand einzubinden. Dies macht gerade für den Privat-Anwender den Einsatz der Kryptografie in der eMail-Kommunikation interessant, da er für die Einbindung der Verfahren nicht über ein besonderes Verständnis der Kryptografie oder mathematischen Algorithmen verfügen muss. Ein zusätzlicher Anreiz ist, dass die Verfahren für die Privat-Anwender als Freeware zur Verfügung stehen und somit keine zusätzlichen Kosten für den Betrieb entstehen. Für Unternehmen sind die Verschlüsselungstools mit Lizenzkosten verbunden, was jedoch gegenüber des Vorteils der sicheren Kommunikation schnell aufgewogen ist.

Im Wesentlichen kann gesagt werden, dass eine sichere eMail-Kommunikation im heutigen Zeitalter eines der wichtigsten Kriterien für eine reibungslose Abwicklung des Geschäftsverkehrs ist und ein Verzicht auf diese Instrumente schnell in einen starken Verlust führen kann. Sei es zum einen in einen finanziellen Verlust oder zum anderen in einen Imageverlust, wenn die Daten manipuliert wurden und falsche Informationen an die Öffentlichkeit gelangen.

12   Literaturverzeichnis

Beutelsbacher, A., Schwenk, J., Wolfenstetter, K.: Moderne Verfahren der Kryptografie, n. a., Vieweg, n. a., 1995

Fuhrberg, Kai, Häger, Dirk, Wolf, Stefan: Internet-Sicherheit, 3.Auflage, Carl Hanser, München Wien, 2001

Fumy, W., Rieß, H. P.: Kryptographie, 2.Auflage, Oldenbourg, München, 1994

Smith, Richard E.: Internet-Kryptographie, n.a., Addison-Wesley, Bonn, 1998

Schmeh, Klaus: Kryptografie und Public-Key-Infrastrukturen im Internet, 2.Auflage, dpunkt.verlag, Heidelberg, 2001

Schneier, Bruce: Angewandte Kryptographie, 1. Auflage, Addison-Wesley, Bonn, 1996

Britschgi, A. www.vianetworks.ch/publikationen/pgp.htm, Stand 11.03

n. a., http://www.bsi.bund.de/esig/basics/legalbas/sigg2001.pdf, Stand 12.12.2003

n a, http://www.bsi.bund.de/esig/basics/legalbas/sigv2001.pdf, Stand 12.12.2003

n. a., http://www.ecin.de/news/2001/08/27/03056; Stand 19.01.2004

n. a. http://www.foebud.org/pgp/html/node8.html#SECTION02440000000000000000, Stand 01.04

n. a.,

http://www.heise.de/tp/deutsch/html/result.xhtml?url=/tp/deutsch/special/ech/9937/1.ht ml, Stand 09.01.2004

n. a., http://www.heise.de/tp/deutsch/special/ech/7752/1.html, Stand 21.01.2004

n. a., RFC 1421 http://www.ietf.org/rfc/rfc1421.txt, Stand 06.01.2004

n. a., RFC 1422, http://www.ietf.org/rfc/rfc1422.txt, Stand 06.01.2004

n. a., RFC 1423, http://www.ietf.org/rfc/rfc1423.txt, Stand 06.01.2004

n. a., RFC 2632, http://www.ietf.org/rfc/rfc2632.txt, Stand 06.01.2004

n. a., RFC 2633, http://www.ietf.org/rfc/rfc2633.txt, Stand 06.01.2004

n. a., RFC 2634, http://www.ietf.org/rfc/rfc2634.txt, Stand 06.01.2004

n. a., http://neue-medien.fh-joanneum.at/proj/nm/nm14/security.html, Stand 18.12.2003

Ott, H.J., http://www.kecos.de/script/35rsa.htm, Stand 11.03

n. a., http://www.pro-privacy.de/pgp/tb/de/keygen.html, Stand 20.12.03

Stigge, Roland, http://www.rolandstigge.de/studium/cast-foils.pdf, Stand 09.01.04

n. a., http://www.strato.de/service/allgemein/anleitung/pgp/pgp.html, Stand 08.01.2004

n. a., http://www.uni-koeln.de/rrzk/kompass/94/k94.pdf, Stand, 07.02

n. a., http://www.vpn-1.de/krypto/algorithmen.html, Stand 01.04

n. a., http://www.zurichbusiness.ch/pdf/rim_fs_005_e-government_g.pdf; Stand 20.01.2004